PROGRÈS OU RÉACTION

PROGRÈS OU RÉACTION

LETTRE

A M. P. HÉBERT

PAR

CLÉMENT DUVERNOIS

Tel qui longtemps lécha ses bottes,
Lui mord aujourd'hui les talons,

BÉRANGER.

DEUXIÈME ÉDITION

ALGER

IMPRIMERIE ALGÉRIENNE DE DUBOS FRÈRES,
Janvier 1860

Il est malheureusement très-rare de rencontrer des contradicteurs sérieux, qui prennent le souci de vous réfuter sans vous injurier, et pour ma part je n'ai pas eu encore cette bonne fortune. Chaque fois que j'ai pris la parole, — et cela m'est arrivé assez fréquemment depuis trois ans, — mes adversaires ont éludé la discussion, ou m'ont insulté sans me répondre.

Aussi, je dois vous l'avouer, ce n'est pas sans un sentiment de curiosité bien vive que j'ai vu annoncer l'apparition prochaine de votre écrit :

Enfin me disais-je, il va m'être possible de m'éclairer ; je saurai la raison d'être de la réaction et je pourrai faire amende honorable de mes erreurs passées, ou convaincre un adversaire de bonne foi.

Jugez, monsieur, d'après cela, de la profonde surprise que j'ai dû ressentir en vous lisant, en vous voyant tomber d'accord avec moi, des faits que j'avais voulu constater.

J'avais fait de la situation un tableau fort triste et vous venez reconnaître vous-même que le pays subit une crise terrible.

J'avais à peine osé affirmer la prépondérance des tendances réactionnaires, et vous venez déclarer que le ministère de l'Algérie en est revenu à son point de départ, reculant ainsi de tout l'espace franchi par le Prince. Ce que je représentais comme en voie de se faire, vous le tenez pour accompli.

J'avais dit enfin que les souteneurs du ministère n'hésitaient pas à attaquer le Prince Napoléon, et sous le voile de l'anonyme, vous venez attaquer ce Prince et tous ceux qui l'ont servi.

En vérité, monsieur, si, comme vous le dites,

j'étais homme de parti et non de conviction, je devrais me réjouir très-fort et je me garderais bien de vous répondre autrement que par ces simples constatations.

Mais non, Monsieur, je n'agirai point ainsi, et je mettrai, à discuter votre brochure, autant de soin que vous en avez mis à ne pas discuter la mienne ; tandis qu'à des faits généraux vous répondez par des personnalités, tandis qu'à des arguments vous répondez par des lieux communs, je m'efforcerai de rester digne et sérieux, ne fût-ce que pour vous donner l'exemple.

Et d'abord, Monsieur, pourquoi n'avoir pas signé votre brochure ?

Certes je n'aurais pas le droit de vous adresser cette question si vous aviez maintenu la discussion sur le terrain des principes, car alors j'aurais à discuter des choses, non des hommes. Mais point : vous venez parler de mon âge et mettre ainsi ma personne en cause, vous venez m'accuser d'avoir « exploité » Monsieur tel et voulu exploiter Monsieur tel autre, vous attaquez nominativement tous mes amis et, vous vous cachez derrière un pseudonyme !

Ah ! Monsieur, les réactionnaires appellent peut-être cela prudence ou modestie : nous l'appelons, nous, manque de courage !

Du reste, je suis moins mécontent que vous ne pourriez croire du voile dont vous vous couvrez, et vos amis surtout ont le droit de s'en plaindre.

Quand je publie une brochure signée, je n'engage que moi seul ; si je me laisse emporter par ce que vous appelez mon audace, nul n'est compromis que moi.

Votre brochure, au contraire, par cela même qu'elle est anonyme, engage tous vos amis ; elle devient le programme, le manifeste de la réaction, et tout le monde verra toujours, à tort ou à raison, vos amis les plus haut placés corrigeant vos épreuves. Signant, vous seriez Monsieur un tel tout court ; ne signant pas, vous êtes la Réaction, la Vieille Algérie.

N'est-ce pas aussi un enseignement utile pour le pays que de voir avec quel soin se déguisent et se masquent les hommes qui prennent en main la défense de la Vieille Algérie ?

Il semble que, tous, vous soyez honteux du rôle que vous jouez et qu'un reste de pudeur vous oblige à vous cacher au public : un seul d'entre vous a osé mettre son nom en évidence, et, vous le savez, s'il est chez vous, c'est parce que je ne l'ai pas voulu chez moi.

Mais, peu m'importe, je vous le répète, que vous signiez ou non, car je vous connais, car je vous ai vu déjà.

Lorsque quelques officiers, excités, trompés par vous, venaient loyalement nous demander réparation d'insultes imaginaires, je vous ai vu à l'écart soufflant la discorde, hors de la portée des balles que vous aviez fondues.

Je vous ai vu jetant sur nous la calomnie.

Je vous ai vu enfin, le lendemain de la publication de ma dernière brochure, me dénoncer sourdement au zèle de la police.

Que me fait après cela votre nom ?

Aussi, je passe condamnation sur votre personnalité, et j'entre de plein pied dans la discussion.

Vous êtes d'accord avec moi sur ce point que le pays est dans une situation intolérable, mais où nous différons, c'est lorsqu'il s'agit de définir la cause de ce malaise qui étreint la colonie.

Moi, je n'ai accusé ni le Prince, ni son successeur, j'accuse la Vieille Algérie que le Prince a eu le tort de conserver par excès de générosité, que son successeur a le tort plus grand d'écouter.

Vous, vous accusez le Prince et ses tentatives de réformes : voyons vos raisons.

Vous affirmez d'abord que le Prince-Ministre eût le tort grave d'improviser un ministère, de s'entourer d'hommes étrangers aux affaires administratives.

Je ne sais en vérité, Monsieur, où vous êtes allé chercher ces faits. Si vous aviez pris la peine de vous renseigner, vous auriez appris que le Prince n'a pas éliminé UN SEUL des chefs de bureau de l'ancienne Direction de l'Algérie. M. le général Daumas s'est retiré, mais son remplaçant, vous le savez aussi bien que moi, est l'un des doyens de l'administration algérienne.

Votre accusation tombe donc d'elle-même devant les faits, et je ne sais vraiment pas comment vous l'avez formulée, — vous qui m'accusez d'audace et d'ignorance.

Ah! que vous eussiez mieux dit, si vous aviez reproché au Prince de n'avoir pas pris des hommes sans engagements avec le passé pour l'aider à marcher dans la voie de l'avenir!

S'il n'eût pas écouté, au début, les conseils de sa générosité plus que ceux de la raison, il n'eut pas eu à lutter pendant huit mois contre la force d'inertie, l'idée ne se fût pas brisée contre *la* paperasse, et ceux qui insultent aujourd'hui le Prince n'auraient point leur part du budget.

Mais ce n'était rien encore que de bacler ainsi un ministère, dites-vous, « un journal venait de se fonder qui, se donnant pour l'interprète d'une haute pensée, la trahissait... »

Permettez-moi de vous arrêter encore ici pour vous mettre au défi de prouver qu'à aucune époque l'*Algérie nouvelle* se soit donnée pour l'interprète du Prince Napoléon.

Toujours, depuis sa création jusqu'à son numéro de ce jour, l'*Algérie nouvelle* a déclaré qu'elle était tout à fait indépendante du Prince; elle a marché dans le même sens que lui, parce qu'il marchait dans un sens progressiste, elle a défendu sa politique, parce que sa politique était vraiment algérienne et libérale.

Vous ne comprenez pas cela, Monsieur, et il vous semble qu'on ne puisse être d'accord avec un ministre sans être ses hommes : admettez qu'il y a au moins une exception à la règle que pratiquent vos amis.

Ainsi vos deux premiers griefs contre le Prince sont deux faits erronnés ; voyons le troisième.

« Les premières mesures importantes arrêtées par le Ministré, comme corollaires du programme, donnaient dans la pratique des résultats inattendus, et l'inquiétude commençait à gagner les hommes d'expérience. »

Je cherche en vain, je vous l'avoue, ces mesures inquiétantes dont vous parlez, et vous avez eu grand tort de ne pas vous expliquer à cet égard.

Serait-ce le décret de décentralisation ?

Serait-ce la création des Conseils généraux ?

Serait-ce la présentation au Conseil d'État de la loi sur les chemins de fer ?

Serait-ce la création des sous-préfectures ?

Serait-ce les excellentes circulaires qui enjoignaient au Domaine de ne point inquiéter les propriétaires ?

Serait-ce le décret sur la magistrature ?

Serait-ce le décret qui autorisait les transactions immobilières en territoire arabe ?

Je vous assure qu'aucune de ces mesures n'a inquiété le public ; aussi n'est-ce point le public qui, d'après vous, était mécontent, c'était les hommes d'expérience, ou, pour mieux dire, la Vieille Algérie, car pour vous c'est tout un.

On comprend sans peine que ces hommes habitués à vivre commodément de l'ancien ordre de choses, le vissent avec effroi s'écrouler ; mais que voulez-vous ? le Prince avait négligé de se faire admettre dans la société d'admiration mutuelle, et il lui suffisait de contenter le public. Je tombe d'accord avec vous qu'en cela, il s'écartait de la tradition, mais je n'ai vraiment pas la force de l'en blâmer.

Après avoir formulé contre le Prince les graves accusations que je viens d'examiner, vous passez à l'apologie de son successeur.

Vous nous le montrez d'abord venant en Algérie, désireux de tout voir, de tout entendre, et vous vous plaignez amèrement du sans -façon avec lequel j'ai parlé de ce voyage. Vous reconnaissez pourtant que M. le Ministre n'a vu ici que les hauts fonctionnaires, les personnages officiels, mais, ajoutez-vous, non sans naïveté : « cela est bien naturel. »

Si je ne partage pas votre opinion, je vous assure que du moins je la conçois fort bien.

Pour certaines gens, il n'y a que deux sortes d'individus : ceux qui sont quelque chose et ceux qui ne sont rien.

Ces derniers labourent les champs, font mouvoir les usines, entreprennent le commerce, plaident ou guérissent ; mais ils ont tous un point commun, c'est qu'ils paient.

Les autres sont préfets, gardes-champêtres, bibliothécaires ou gendarmes, ils ont pour mission d'administrer et d'émarger.

Ils ne sont ni tisserand, ni forgeron, ni laboureur, ni cordonnier : ils sont administrateurs. Eux seuls ont la science administrative, eux seuls donc sont à consulter. C'est ainsi que vous tendez à substituer la noblesse d'émargement à la noblesse de naissance.

Vous, qui êtes quelque chose dans cette hiérarchie entre le préfet et le gendarme, ou qui tout au moins brûlez d'y être admis, vous ne connaissez d'autre monde que le monde officiel, et il vous paraît singulier qu'on en voie un autre. Vous vous dites roturier, il est vrai, mais votre modestie ne trompe personne, et l'on voit que vous avez de fort belles relations. En admettant même que vous soyez un vilain, vous êtes un vilain bien pensant, et la savonnette est proche, car aujourd'hui,

Qui sert bien son *préfet* n'a pas besoin d'aïeux.

Mais si nous ne nous étonnons point de votre manière d'apprécier les choses, ne vous étonnez pas non plus de la nôtre, et ne soyez pas surpris si nous trouvons malheureux ce qui vous semble « bien naturel. »

Nous autres, simples mortels, qui ne sommes rien, mais qui payons, nous avons la manie de croire que vous êtes nos agents, nos employés, et qui pis est, nous avons la prétention de vous voir agir en conséquence ; si nous sommes mal reçus dans un bureau, nous nous plaignons ; si un fonctionnaire nous traite du haut en bas, nous nous fâchons, et nous croyons qu'un Ministre ne déroge pas en se renseignant auprès de nous sur nos besoins.

Ainsi nous trouvions bien naturel que le prince Napoléon, — un Prince pourtant, — fût accessible à tous, et pour tous plein d'affabilité, et nous trouvons mauvais qu'un Ministre vienne à Alger pour s'éclairer , et ne nous interroge pas.

Vous le voyez, nous avons tous deux raison, chacun à notre point de vue. Il ne s'agit que de décider quel point de vue est le vrai. Nous avons pour nous le gouvernement qui s'incline devant le suffrage universel, un assez grand nombre de fonctionnaires publics et tout le *vile pecus* des contribuables; mais vous avez pour vous la société d'admiration mutuelle ; le ministère du Prince semblait vous donner tort; ce qui se fait aujourd'hui semble vous donner raison.

Je vous le répète, je respecte votre opinion, tout en gardant la mienne ; mais ce que je trouve illogique de votre part, c'est la peine que vous prenez à justifier au point de vue de l'intérêt public les deux mesures qu'a prises le Ministre après son départ d'Alger. Il vous suffisait à mon sens de déclarer qu'elles étaient à la convenance de vos amis.

Mais vous voulez raisonner : raisonnons.

La première des deux mesures retirait aux Européens l'autorisation d'acquérir des immeubles en territoire arabe.

A ce propos, vous nous expliquez longuement que, si l'Etat avait permis aux Arabes d'aliéner leurs propriétés *particulières*, « il aurait aliéné sa propriété, sa conquête. »

Vous n'attendez pas que je discute sérieusement une pareille assertion. Tout ce que je puis faire, c'est de vous renvoyer à l'étude de la question. Interrogez les hommes compétents, et vous apprendrez que la propriété *melk* ou individuelle, n'est pas la même chose que la propriété *arch* ou de tribu, et diffère plus encore de la propriété domaniale.

Mais, ce n'est point là votre seul argument en faveur du fameux décret ; l'autre, le voici :

« Quand on a vu, dites vous, quelques spéculateurs hardis, profitant d'un moment où l'argent était rare, acheter à vil prix des CANTONS ENTIERS, sur des titres équivoques, quel administrateur sage n'aurait pris l'alarme ? »

A la bonne heure, voilà un fait, dira le lecteur.

Hé bien ! Monsieur, je vous mets au défi de me

citer, non pas des cantons entiers, mais un seul canton qui ait été aliéné au profit d'un Européen, depuis le 24 août, époque du décret du Prince, jusqu'au retrait de la mesure.

Il faut en vérité, Monsieur, que vous nous croyiez bien simples pour nous amuser avec de pareils contes, et vous voyez que si on a été alarmé des suites que pouvait avoir la liberté de transmission des propriétés, ce n'est point pour les raisons que vous dites.

Quant aux raisons vraies, vous les connaissez sans doute aussi bien que moi : vous savez que le territoire arabe allait être entamé, que les Européens, gens habitués à écrire aux journaux et à parler, allaient s'installer au sein des tribus, et vous vous doutez bien qu'ils y eussent vu nombre de choses qu'il ne fait pas bon avoir vues, — témoin notre ami Gauthier d'Aubeterre.

Je trouve cette raison fort bonne, quant à moi, et parfaitement suffisante pour les gens bien pensants, mais je tiens à montrer qu'il n'y en a point d'autres.

L'autre mesure de M. le Ministre avait pour but

de rétablir la responsabilité collective des tribus arabes.

Cette mesure, dites-vous, devait protéger la colonisation contre les Arabes.

Ici vous savez bien encore ce que vaut cette prétendue protection; vous savez très-bien qu'une tribu n'est responsable que des crimes commis sur son territoire; qu'elle ne répond point, par conséquent, des crimes commis en territoire de colonisation; vous savez, en outre, quelle protection efficace trouvent nos colons quand nos Arabes les pillent, — témoin encore notre ami Gauthier d'Aubeterre et vingt autres.

Mais ce que j'admire par dessus tout, c'est le sérieux avec lequel vous nous parlez des troubles qui ont éclaté en Algérie. « Les Conseils de guerre de Constantine, les troubles de Boghar, les graves désordres qui ont amené l'expédition du Maroc, une foule de symptômes signalés par les RAPPORTS PARTICULIERS et résumés dernièrement par M. le général en chef de Martimprey, établissent pour tout le monde que le jour de la sécurité n'est pas venu encore. »

Vous avez tort, en vérité, de parler des Conseils de guerre de l'Est, et vos amis auront le droit de vous accuser de maladresse. Si l'on a interdit la publicité des débats de l'affaire Si Sadoc; si, après la condamnation rigoureuse de ce malheureux et de ses complices, le Général commandant la division est intervenu pour les engager à ne se point pourvoir; si, en un mot, on a mis des sourdines à cette affaire de l'Aurès, entamée si bruyamment; on a eu mille bonnes raisons que vous devez connaître, et que tout le monde devine.

Quant aux troubles de Boghar, je suis certain que vous avez dû sourire en les rappelant : voyez en effet ces trois mille farouches qui tombent à l'improviste sur un marché, auxquels tient tête un collecteur, que trois ou quatre gendarmes dispersent, et que quelques spahis poursuivent sans qu'ils essaient de résister. Quels hommes terribles en vérité et que leur algarade justifie bien l'application à toute l'Algérie d'un régime exceptionnel! Vous avez lu, du reste, le récit de l'affaire par le collecteur lui-même, qui a le droit d'être plus terrifié que vous : il se borne à demander quelques gendarmes pour maintenir l'ordre !

Mais les faits connus du vulgaire ne vous suffisent pas, et vous invoquez les SYMPTÔMES, les symptômes signalés par les RAPPORTS PARTICULIERS.

C'est ici, Monsieur, qu'on voit tout l'avantage des belles relations, et combien grande est votre modestie, quand vous vous dites roturier. Roturier! un homme qui lit les rapports confidentiels de la police arabe et peut-être de l'autre aussi! Allons donc!

Moi, Monsieur, qui n'ai point l'oreille ni les confidences des puissants, je ne puis vous suivre sur ce terrain, et je suis obligé de laisser vos symptômes et vos rapports confidentiels pour ce qu'ils valent.

M'est avis pourtant que si, dans ces rapports, il y eût eu des choses vraiment graves et difficiles à réfuter, on ne les eut point laissé secrets. Vous me direz qu'on en a fait mytère pour ne point effrayer la population, mais vous ne le croyez pas, car vous vous rappelez la fameuse proclamation de M. de Martimprey, qui n'avait pas précisément pour but de calmer les inquiétudes, s'il y en avait.

Cette proclamation vous parait un argument décisif. Un Général l'a dit, *dixit*, donc cela est.

Permettez-moi de ne point partager cette confiance absolue. Certes je ne mets point en doute les talents militaires de M. de Martimprey, je ne veux point discuter les lauriers qu'il est allé cueillir sur le bord de la Melouia, si cher qu'ils nous aient coûté ; mais je crains qu'emporté par son zèle, l'honorable Général ne se soit un peu exagéré les choses et qu'il n'en soit des insurrections dont il nous a menacés, comme des trois millions de la Rue du Rempart, qu'il nous a promis et que nous attendons encore.

Ainsi, Monsieur, je persiste dans mes conclusions et je maintiens que le pays est parfaitement pacifié ; je soutiens qu'EN TOUTES CIRCONSTANCES, lorsqu'il y a des troubles, ils éclatent contre les chefs arabes qui pillent en notre nom, et non pas contre nous. D'où je conclus que, si l'on supprimait les chefs arabes, on supprimerait aussi les insurrections. Vous partagez peut-être cette opinion, mais vous n'avez garde de le dire, car en supprimant les incendies on ne ferait pas l'affaire des pompiers, et vous ne voulez point contrarier les gens en place.

Vous êtes bien dur en revanche pour ceux qui

n'y sont plus, M. Géry en saura quelque chose.

Vous n'osez pas mettre en doute son intégrité mais vous en faites une sorte de mannequin que nous dirigions, que nous gouvernions, que nous exploitions.

Nous n'avons jamais eu cette influence, car si nous l'avions eue, M. Géry n'eut point conservé près de lui des ennemis du nouvel ordre de choses. Cette preuve doit vous suffire.

Quant à moi, personnellement, j'aimais M. Géry, parce qu'il était d'humeur facile, et abordable pour tous ; je l'estimais profondément, parce que je le savais intègre, dévoué, bien intentionné ; parce qu'à une intelligence d'élite il joignait une incroyable modestie ; mais je le plaignais profondément, parce que je le voyais traiter avec bonté des hommes qu'il aurait fallu chasser ; parce que, loyal à l'excès, il croyait trop à la loyauté chez les autres.

Que ces paroles aillent le trouver au fond de son département de troisième ordre, et qu'elles lui disent combien il s'est fait estimer et aimer par celui de ses amis qui l'a combattu le plus vivement, qui lui a résisté le plus franchement, lorsqu'il était à Alger !

Libre à vous d'affirmer que M. le Ministre a sagement fait de déplacer un préfet à la veille d'une session des Conseils généraux, que M. Géry est bien remplacé par M. Levert ; vous nous permettrez de maintenir l'opinion contraire, dût-elle nous coûter encore vingt mille francs pour le plus grand profit de vos amis.

Cette affaire des vingt mille francs m'amène naturellement à parler de la presse. Vous reconnaissez qu'elle est moins libre que naguères, mais vous trouvez qu'elle l'est encore trop, et pour justifier votre assertion, vous dites que des accusations exagérées, des calomnies perfides ont remplacé la discussion loyale.

Oui, certes, il en est ainsi, et je ne le conteste pas ; il en est ainsi dans une certaine presse, mais ce n'est pas nous qu'il faut accuser.

Le jour même de mon arrivée à Alger, l'*Akhbar* m'accusait de vol ; un mois plus tard, il répétait son accusation d'une façon tellement précisé qu'il me fallut exiger une rétractation.

Six semaines plus tard, on excitait contre nou l'armée, on exploitait le point d'honneur de que ques officiers que nous n'avions jamais attaqués, et l'on essayait de nous faire tuer par eux.

Depuis, l'on a changé de tactique, et c'est à la police qu'on demande aide et appui. Naguères vous vouliez nous faire tuer par les soldats pour avoi insulté l'armée, que nous respectons; aujourd'hui c'est comme démagogues que vous voulez nous faire pendre par les gendarmes. En vérité, Messieurs, vous n'aimez point à faire vos affaires vous-mêmes!

Vous avez bonne grâce, après cela, à venir nous accuser de calomnies, d'injures, de violence.

Nous avons attaqué vigoureusement les bureaux arabes, mais sommes-nous allés dénoncer les officiers comme ennemis du gouvernement ?

Nous avons combattu vivement la Vieille Algérie, mais nous n'avons jamais été aussi vifs qu'à l'époque où l'on nous menaçait de mort; nous ne nous sommes jamais cachés derrière un pseudonyme pour vous insulter vous ou vos amis, et quand nous avons été blessés de vos diffamations nous n'avons pas confié à d'autres le soin de venger nos injures.

Et ce n'est pas nous seulement qui avons servi de but à vos insultes ; la population algérienne en masse n'en a pas été exempte. Vainement vous nous dites que l'article qui a paru dans l'*Akhbar*, le 1er janvier 1859 n'émanait pas de la rédaction ordinaire de cette feuille : peu importe, puisque le lendemain le rédacteur en chef l'approuvait, puisqu'il n'y a pas deux mois, il a répété les mêmes allégations sous une autre forme.

Du reste, la population sait à cet égard à quoi s'en tenir, et vous n'ignorez pas les démarches qui ont été faites à ce propos auprès de M. le Préfet.

Mais M. Levert aime l'*Akhbar*, et en cette circonstance il l'a couvert de son égide. Que n'eussiez-vous pas dit de M. Géry, s'il en eut fait autant pour nous ?

Et vous qui tout à l'heure parliez de préfet dominé, gouverné, exploité, que n'eussiez-vous pas dit, si M. Géry eut dépouillé l'*Akhbar* des annonces légales au profit de l'*Algérie nouvelle*, s'il eut enlevé aux annonciers la moitié de la publicité sans réduire le prix des annonces.

Il vous sied bien ensuite de parler de notre mort prochaine, de nous railler sur notre pénurie d'argent, de sonner le glas de l'*Algérie nouvelle*.

Certes, si, il y a un an, nous avions été assez peu

soucieux de notre dignité pour demander le monopole des annonces judiciaires, si M. Géry eût été assez peu soucieux des intérêts publics pour nous l'accorder, nous ne serions pas obligés d'avoir aujourd'hui recours à nos amis. Mais si nous nous fussions abaissés à faire une pareille demande, nous savons comment elle eut été accueilli par l'homme que vous présentez comme le mannequin d'une coterie.

Aussi, cette pauvreté que vous nous reprochez, nous en sommes fiers pour lui et pour nous, et nous aimerions mieux voir tomber l'*Algérie nouvelle* que d'acheter son existence au prix d'une pareille honte !

Faites des brochures, des articles ; intentez-nous des procès correctionnels, des procès commerciaux comme vous l'avez fait déjà ! Peu nous importe, je vous assure. Sonnez joyeusement les cloches pour annoncer la fin de l'*Algérie nouvelle* : nous aimons mieux périr que de vivre platement comme vos amis.

Ne vous réjouissez pas trop vite, cependant, car l'*Algérie nouvelle* n'est pas morte encore : ses amis sont là.

Si même vous parvenez à la détruire, ne vous

réjouissez pas plus que de raison, car vous ne serez pas encore débarrassés de nous, de moi, le principal objet de vos rancunes. Dans des brochures ici, dans les journaux là-bas, partout où il y aura de l'encre et des plumes, nos plumes grinceront pour répéter au gouvernement :

Midas, le roi Midas a des oreilles d'âne!

Et comme l'opinion vous a déjà jugés, le gouvernement finira par vous juger aussi.

Mais j'ai hâte d'arriver à vos conclusions, car j'ai hâte de conclure moi-même.

J'ai dit et j'ai répété que l'ordre réel ne peut résider que dans l'harmonie des pouvoirs publics, que l'harmonie des pouvoirs ne saurait exister dans un pays où il y a deux juridictions criminelles, deux juridictions civiles, deux administrations qui se contrecarrent dans l'action, parce qu'elles se contredisent dans les principes, et j'ai demandé qu'il n'y eût plus qu'une juridiction criminelle, civile, administrative.

Voilà ce que vous traitez d'utopie, de chimère !

Pourquoi?

Parce que le régime *arbitraire* vous paraît indispensable pour contenir les Indigènes.

Eh bien ! qu'on rétablisse le gouvernement militaire purement et simplement.

Si au contraire on pense avec moi que les Arabes sont des hommes comme les autres; si l'on ne croit pas qu'ils se soulèvent pour le plaisir de se soulever; si l'on pense qu'ils ne sont pas, en moyenne, plus ingouvernables que nos paysans français; si l'on croit que « la justice sommaire » que vous proposez sérieusement de maintenir, est une chose atroce, indigne d'un peuple civilisé; si l'on ne veut délivrer d'une main les Italiens, tandis que de l'autre on livrerait les Arabes à ce que vous appelez vous-même l'*arbitraire*, qu'on nous donne le régime légal, mais qu'on nous le donne dans sa plénitude.

Prorès ou Réaction !

Régime légal ou Régime du sabre !

Qu'on choisisse, mais qu'on ne nous laisse pas dans l'incertitude.

Mille fois mieux vaudrait pour nous le régime purement militaire que votre régime hybride qui paralyse sans tuer, agréable amalgame du corps de garde et de la bureaucratie.

Au moins, avec les militaires, on sait à quoi s'en

tenir. S'ils ne veulent pas que vous parliez, ils vous crient : Silence dans les rangs ! S'ils se croient insultés, ils ne vous l'envoient pas dire. Ils tuent parfois, mais ils n'énervent pas.

Avec eux, on saura qu'il faut partir, et l'on partira.

Vous autres, vous êtes formalistes comme des procureurs, et pour plaire à l'armée, — qui en rit avec raison, — vous jouez au soldat, vous prenez un petit air martial ; vous portez des toasts à la gloire, à la victoire, aux guerriers, aux lauriers, dix fois plus que des militaires ; vous abdiquez votre personnalité. Comme Sosie disait à Mercure, vous semblez dire à l'armée : *Souffre au moins que je sois ton ombre!*

Ah! vous nous feriez mourir de rire, si vous ne nous faisiez mourir d'inaction ! Qu'on nous donne à Achille ou à Nestor, mais pour Dieu, qu'on ne nous livre pas aux Myrmidons !

Mais vous voyez un obstacle énorme aux réformes que nous proposons : l'insuffisance du budget.

Vous commencez par déclarer, sans fournir aucun chiffre, que l'Algérie ne peut se suffire à elle-même ; vous ne dites rien de l'impôt arabe, rien de l'emprunt. Bagatelles que tout cela !

En raisonnant d'après le budget tel qu'il est, vous êtes dans le vrai ; en raisonnant d'après le budget revisé, vous êtes dans l'erreur. Je crois l'avoir démontré assez souvent pour n'avoir pas besoin de le redire, à vous surtout qui me paraissez peu enthousiaste des chiffres et de la précision.

Croyant le budget algérien insuffisant, vous vous demandez si le budget français prêtera sa mamelle, et vous répondez ainsi ou à peu près, je ne reproduis pas, mais je résume :

Si l'Algérie s'enrichissait, elle deviendrait forte ; si elle devenait forte, elle aurait peut-être des velléités d'indépendance. Donc la France a intérêt à la maintenir dans une certaine médiocrité, entre le *zist* et le *zest*. Le zist représentant la mort d'inanition et le zest figurant l'état de prospérité. Le tout, pour l'homme d'État, est de trouver ce juste milieu où réside l'austère médiocrité qui n'a rien de commun avec l'*aurea mediocritas* des anciens.

Ce point d'interrogation que vous posez n'est pas nouveau et tout roturier que vous êtes, vous vous rencontrez ici avec le cardinal de Richelieu ; seulement ce que vous demandez, pour l'Algérie,

le digne Cardinal le demandait pour le peuple :
« Jusqu'à quel point, dit-il dans son testament,
doit-on permettre au peuple d'avoir du bien être !»

Vous savez, Monsieur, la réponse que fit lui-
même le peuple en 1789 ; permettez-moi de croire
que la France de 1859 ne l'a pas oublié.

Non, Monsieur, nous n'avons nulle envie de nous
séparer de la France, et si vous l'insinuez, c'est
afin d'avoir deux cordes... à votre potence. Si nous
échappons comme démagogues, comme séparatistes
nous n'échapperons pas ; si une corde casse,
l'autre fera résistance, et que ce soit pour un mo-
tif ou pour l'autre il vous suffit que nous soyons
pendus.

Lisez l'histoire des colonies, vous y verrez
que si des colonies se donnent à l'étranger,
ou se rendent indépendantes ce n'est pas pour
avoir été trop libres, c'est pour ne l'avoir pas été
assez.

En résumé, que signifie votre brochure? Contre
qui est-elle dirigée? Qui défend-elle ? Que promet-
elle ?

Elle s'appelle le *Progrès dans la Réaction*, ce qui
n'a aucun sens ;

Elle ne nie pas la crise, elle l'a constate aussi terrible que je l'avais montrée ;

Elle ne nie pas la réaction, elle l'affirme ;

Vous dites qu'elle est dirigée contre moi. Franchement je crois que je joue là le rôle de l'âne dans certaine fable, que vous êtes trop classique pour ne pas connaître. Vous êtes, vous « le loup quelque peu clerc, » il y a quelque part dans le monde, le lion qui pourrait avoir des griffes, mais comme il faut bien que quelqu'un ait occasionné la peste qui nous étouffe, et le programme.... de Damoclès qui reste suspendu sur votre tête, vous vous en prenez surtout à moi :

Ce pelé, ce galeux d'où provient tout le mal !

Vous voyez, Monsieur, que je ne m'exagère pas mon importance.

Qui et quoi défendez-vous?

Est-ce le Ministre? est-ce le Préfet? est-ce le parti militaire?

Tout cela dans la forme, rien de tout cela au fond.

Vous défendez la Vieille Algérie dont vous faites

partie, vous et les vôtres, et dont le militaire n'est que l'enseigne.

Vous défendez le picotin traditionnel.

Que promettez-vous?

Que l'espérance va renaître, que les travaux vont reprendre, que tout va bien aller : en un mot la poule au pot du bon Henri; mais il y a si long-temps qu'elle nous est promise que votre promesse n'a guère de valeur !

Puisque je vous ai dit ce que vous voulez, ce que vous attaquez, ce que vous êtes au vrai, vous avez le droit de me demander d'expliquer aussi ma conduite. Je m'exécuterai de bonne grâce.

Quand je défends les hommes qui ont essayé de faire du bien à la colonie, j'attaque ceux qui laissent mal faire sans être eux-mêmes mal inten-tionnés.

Je ne suis pas, comme vous le dites, homme de parti, je suis homme de principe; je fais de l'ad-ministration, non de la politique; je ne combats pas le gouvernement, j'essaie de l'éclairer.

Je n'essaie pas, comme vous le dites, de me poser en O'Connel, mais je répète à la France, que l'Al-gérie ne doit pas être une Irlande !

Je me console du mal présent en espérant qu'un avenir prochain va tout réparer. L'approche du congrès, l'inaction du Prince, l'amour réciproque du Prince et de l'Algérie me donnent à penser que nous aurons bientôt une solution, la seule qui me paraisse actuellement possible.

Je ne terminerai pas cette lettre sans vous remercier encore une fois Monsieur, du concours que vous m'avez prêté en affirmant la réaction que j'avais accusée, en constatant la crise que j'avais dénoncée.

J'ai l'honneur de vous saluer,

CLÉMENT DUVERNOIS.

www.ingramcontent.com/pod-product-compliance
Lightning Source LLC
Chambersburg PA
CBHW062313070726
47596CB00009B/1678